Este caderno pertence a :

Último nome :

Primeiro nome :

A

a

B

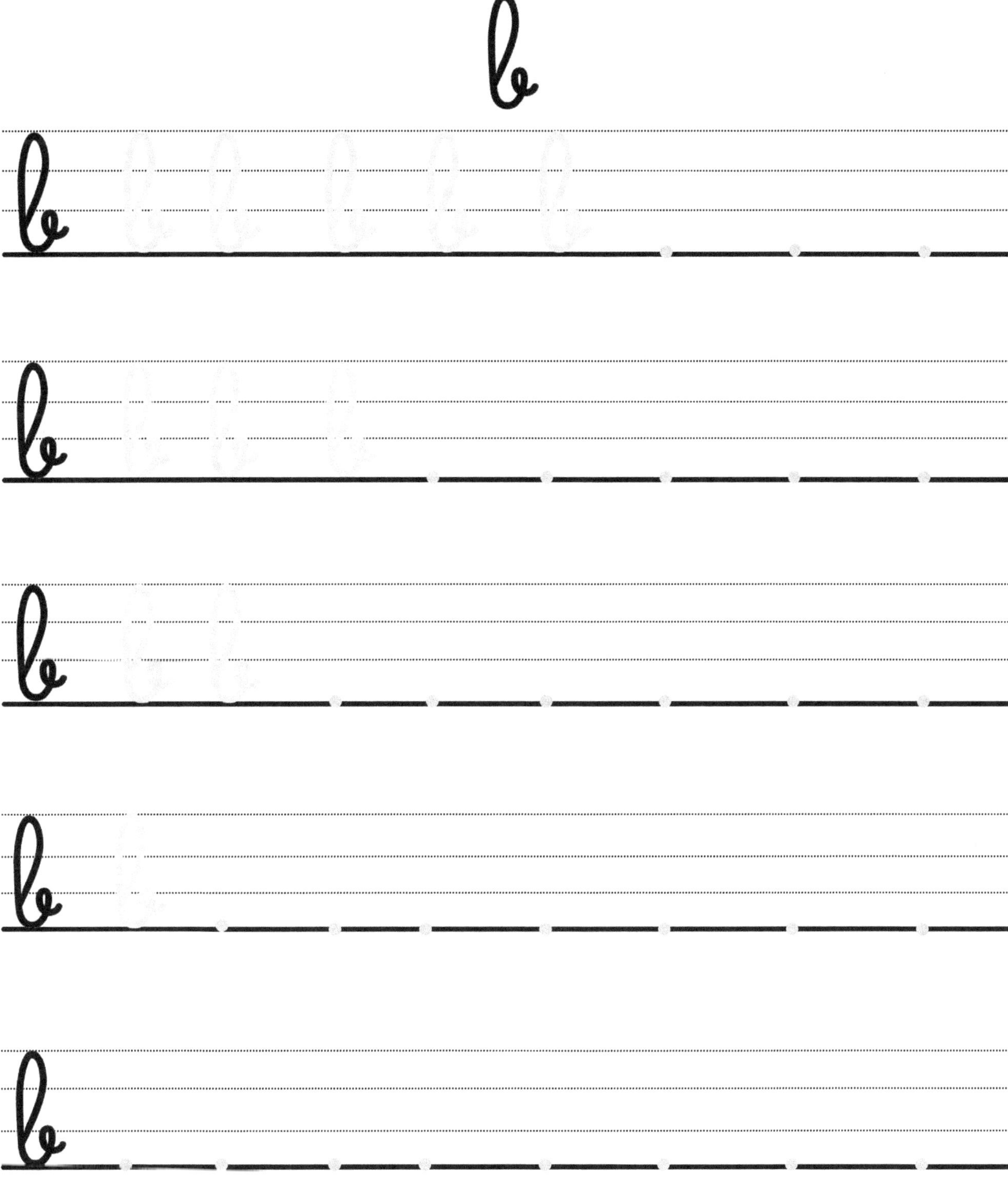

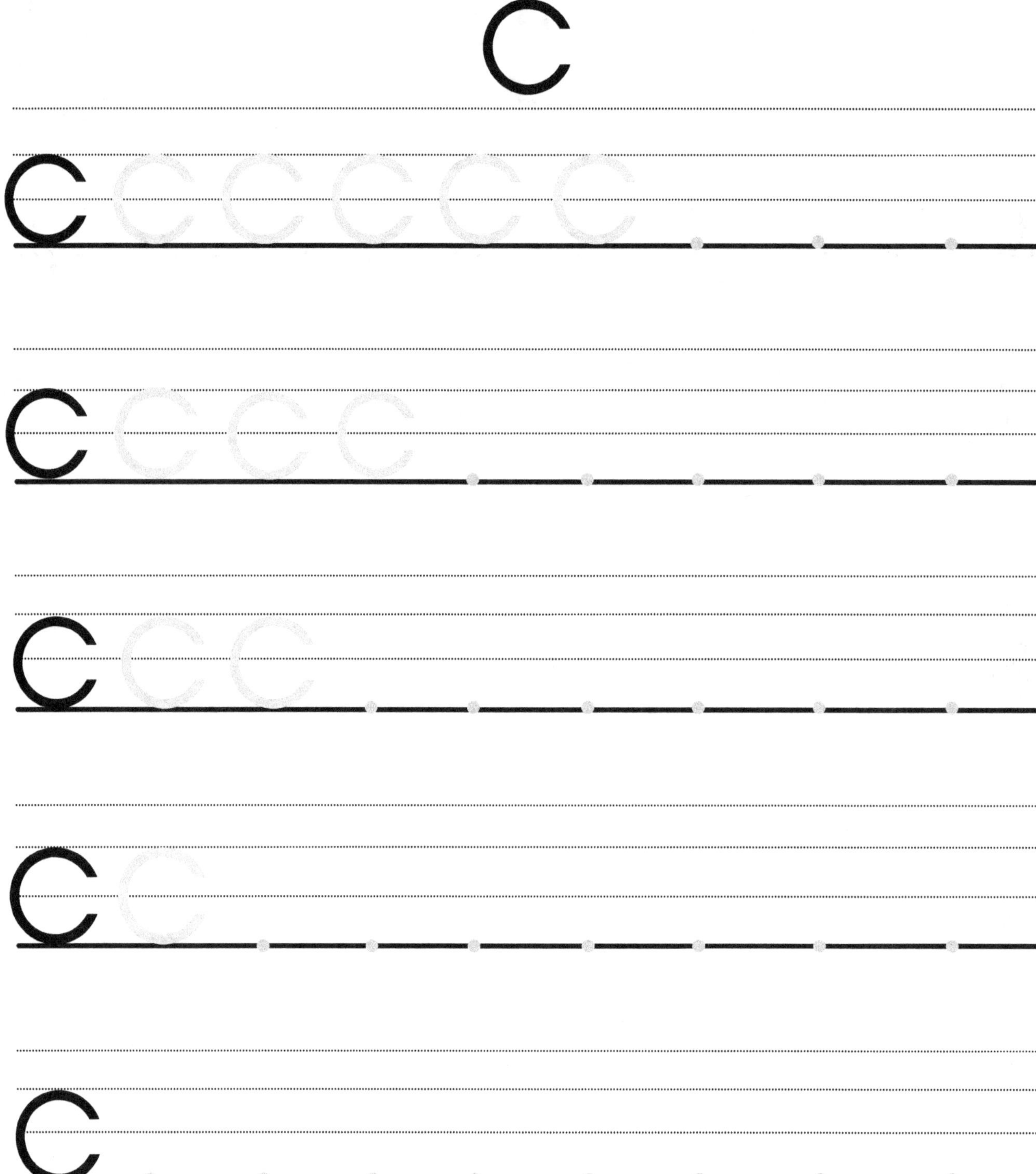

c

D

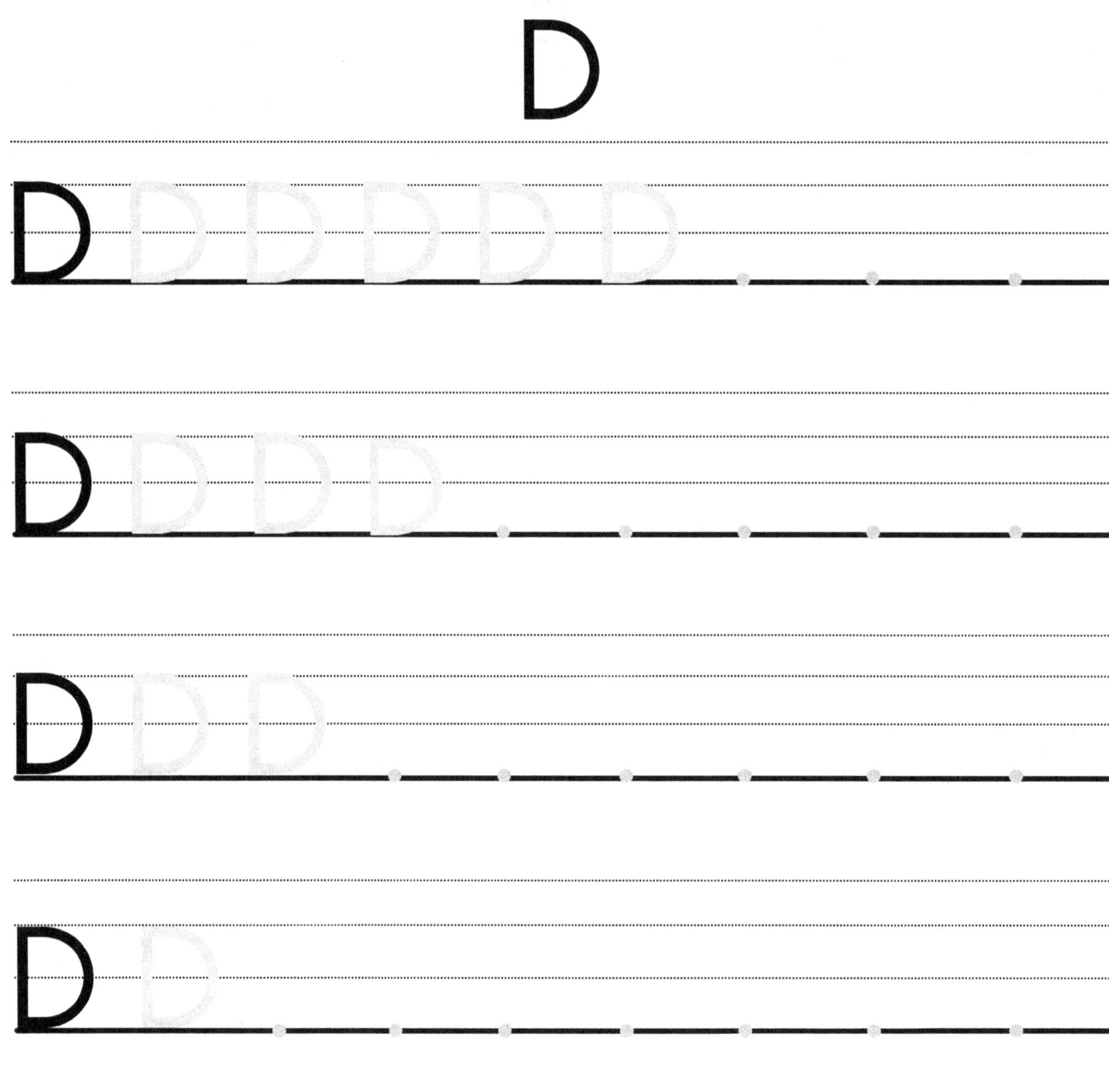

d

E

e

e
e
e
e
e

F

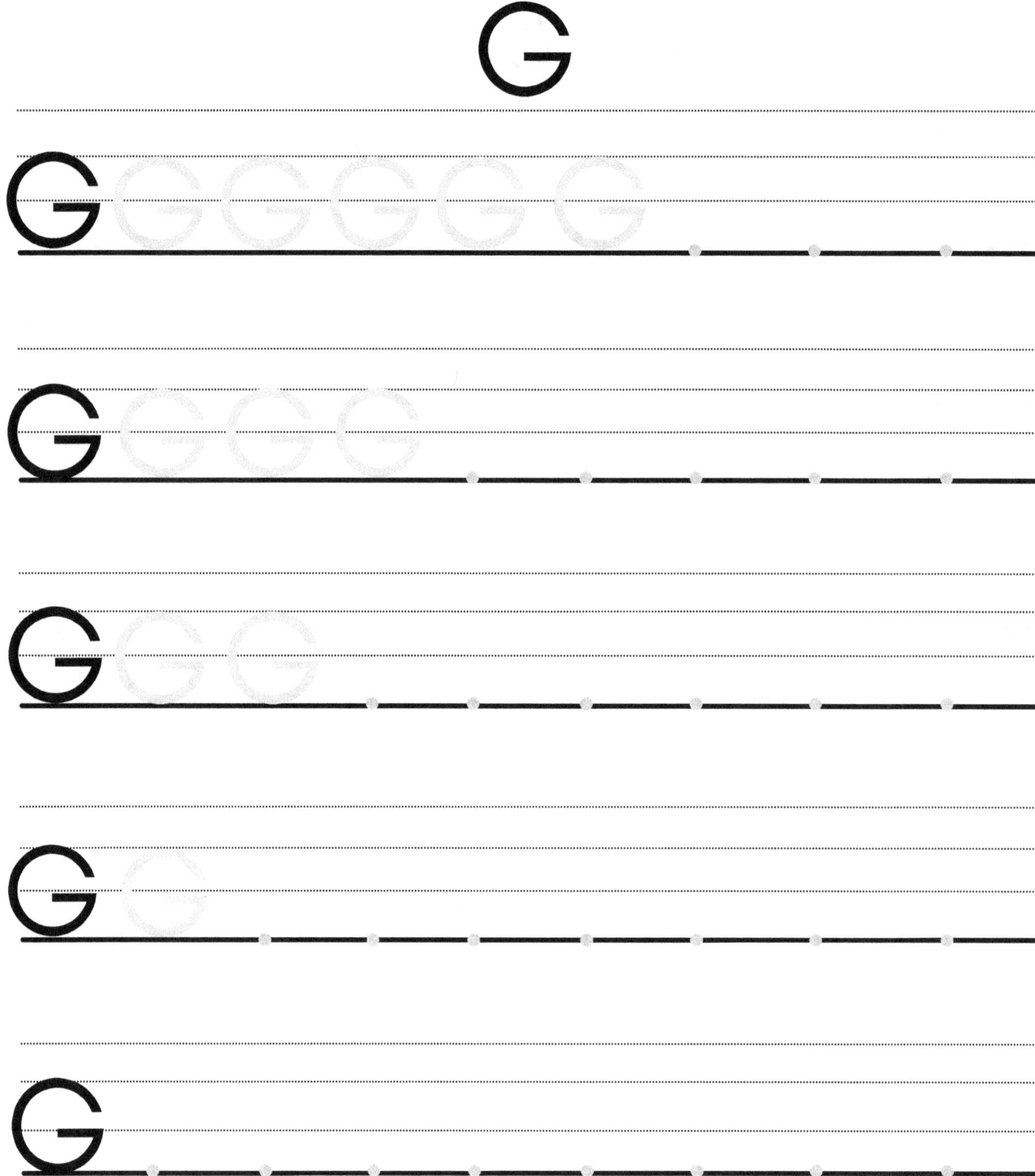

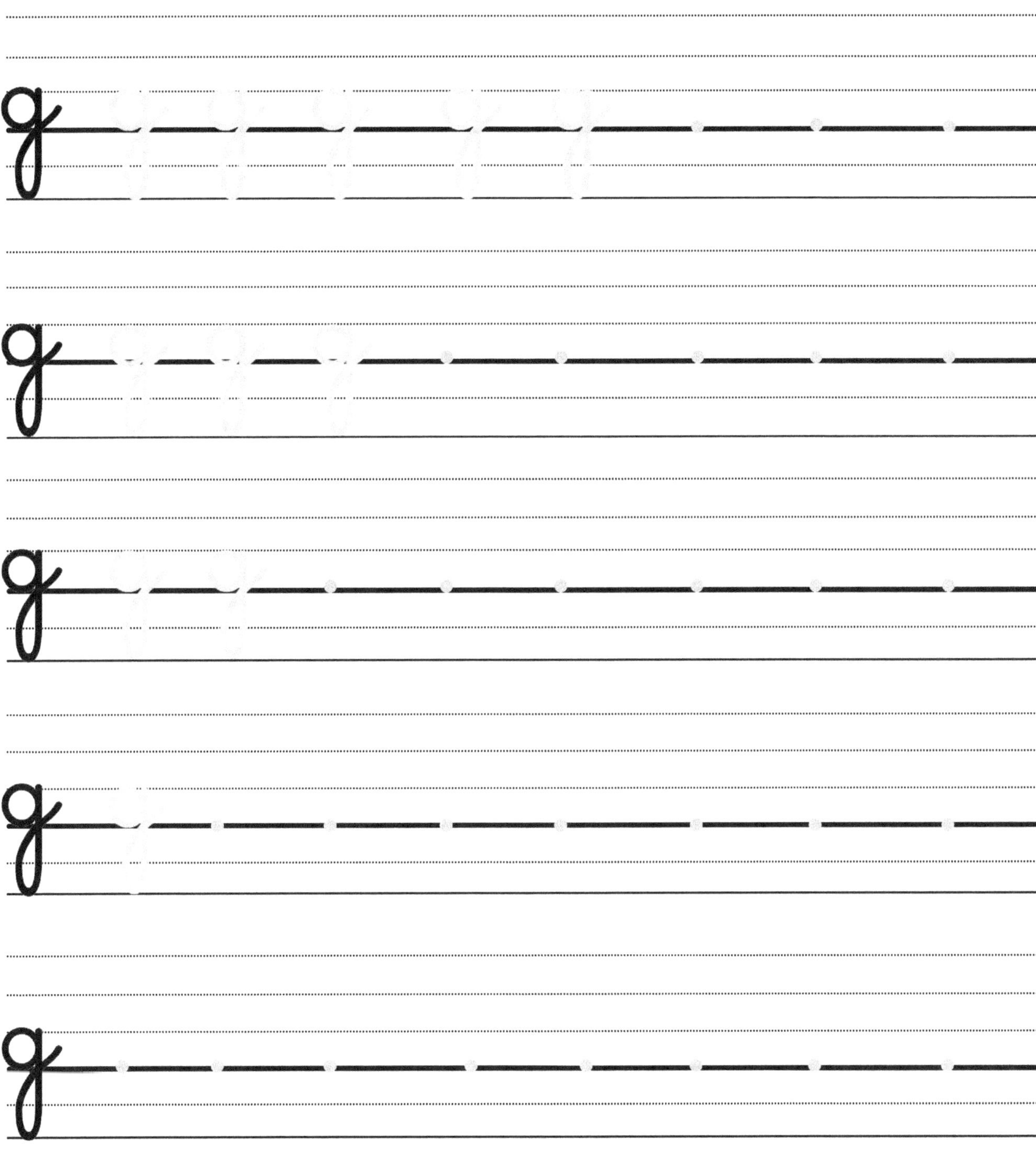

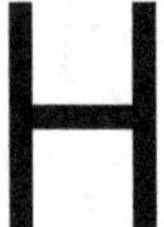

H H H H H H H

H H H H

H H

H

H

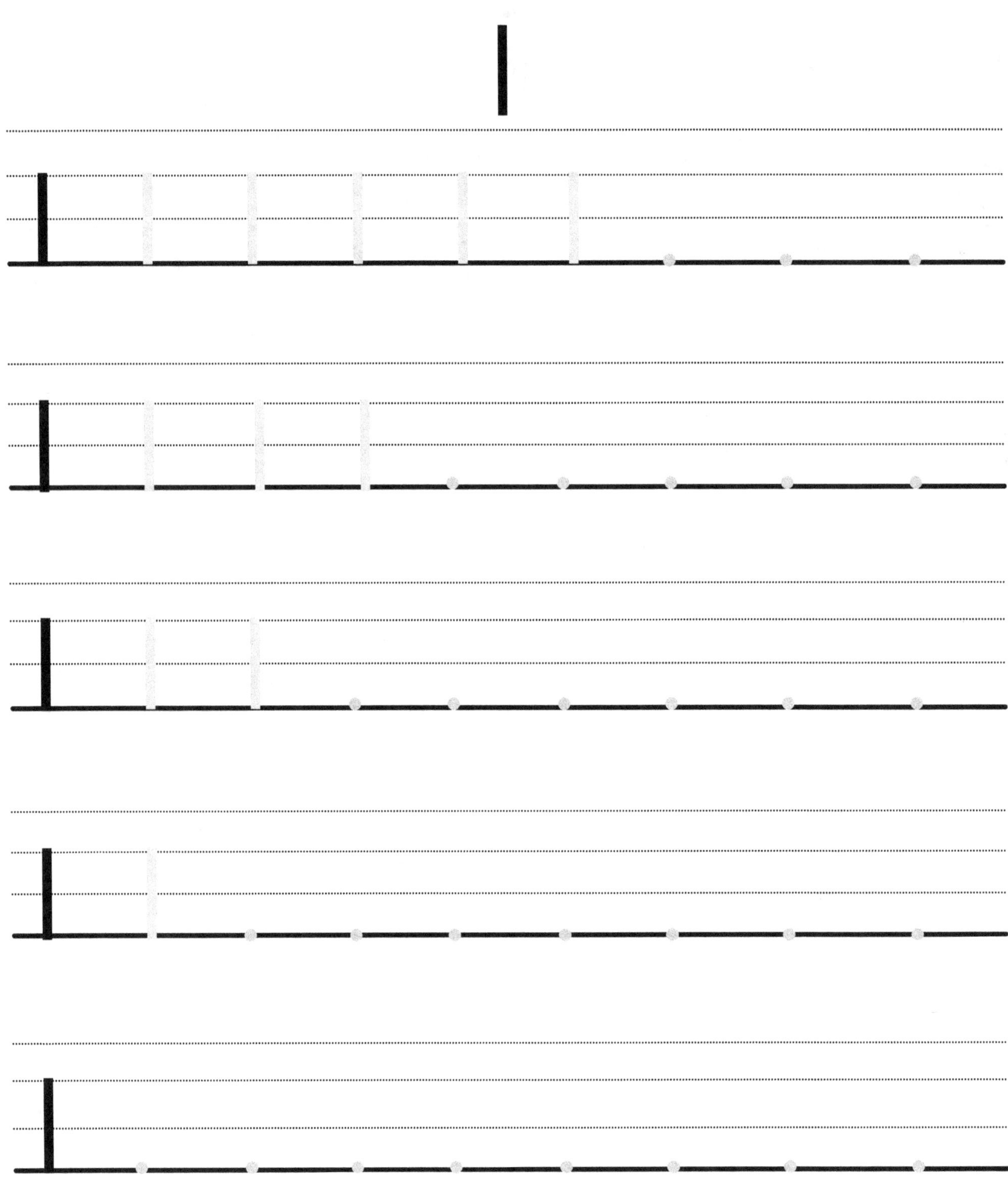

i

J

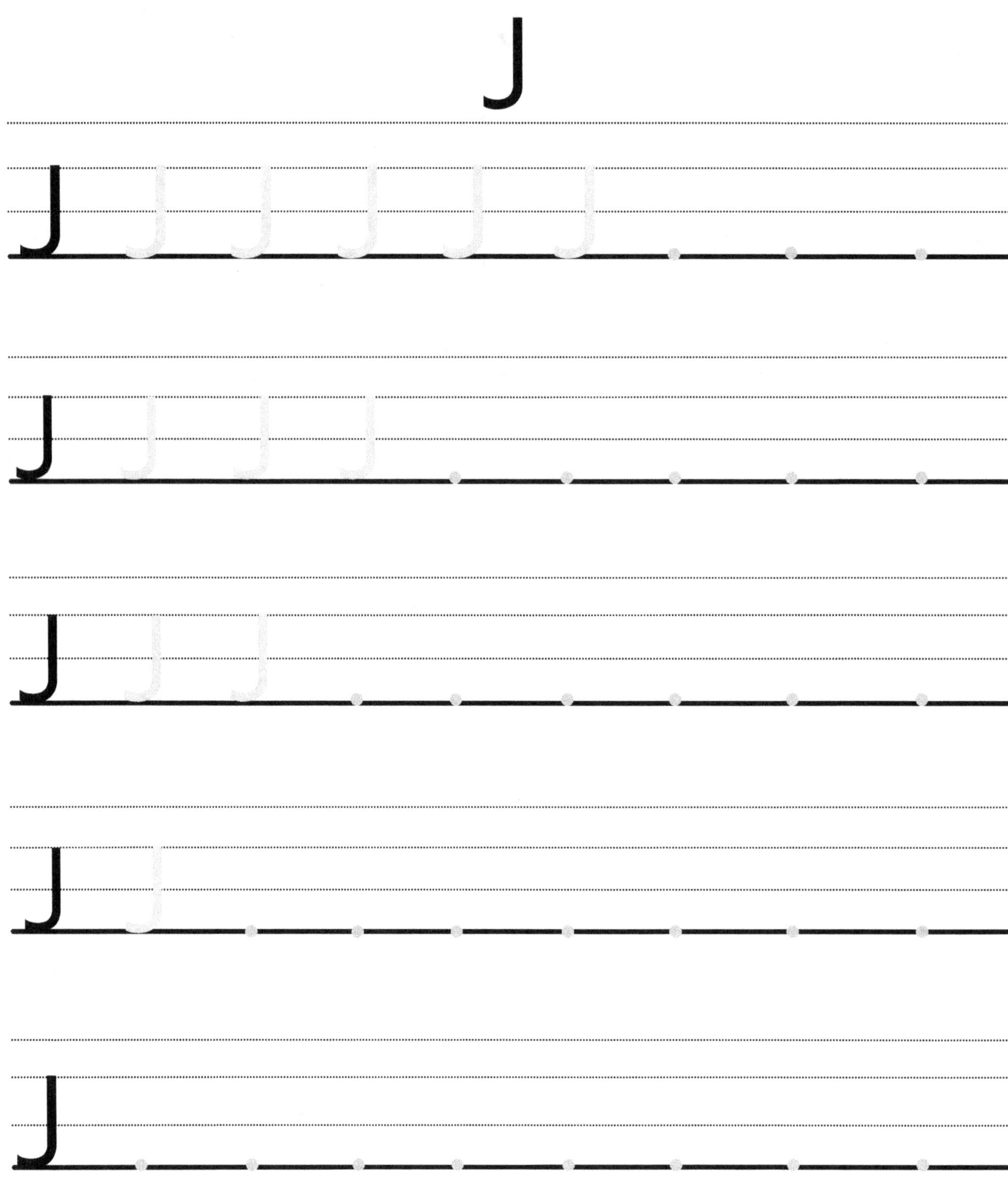

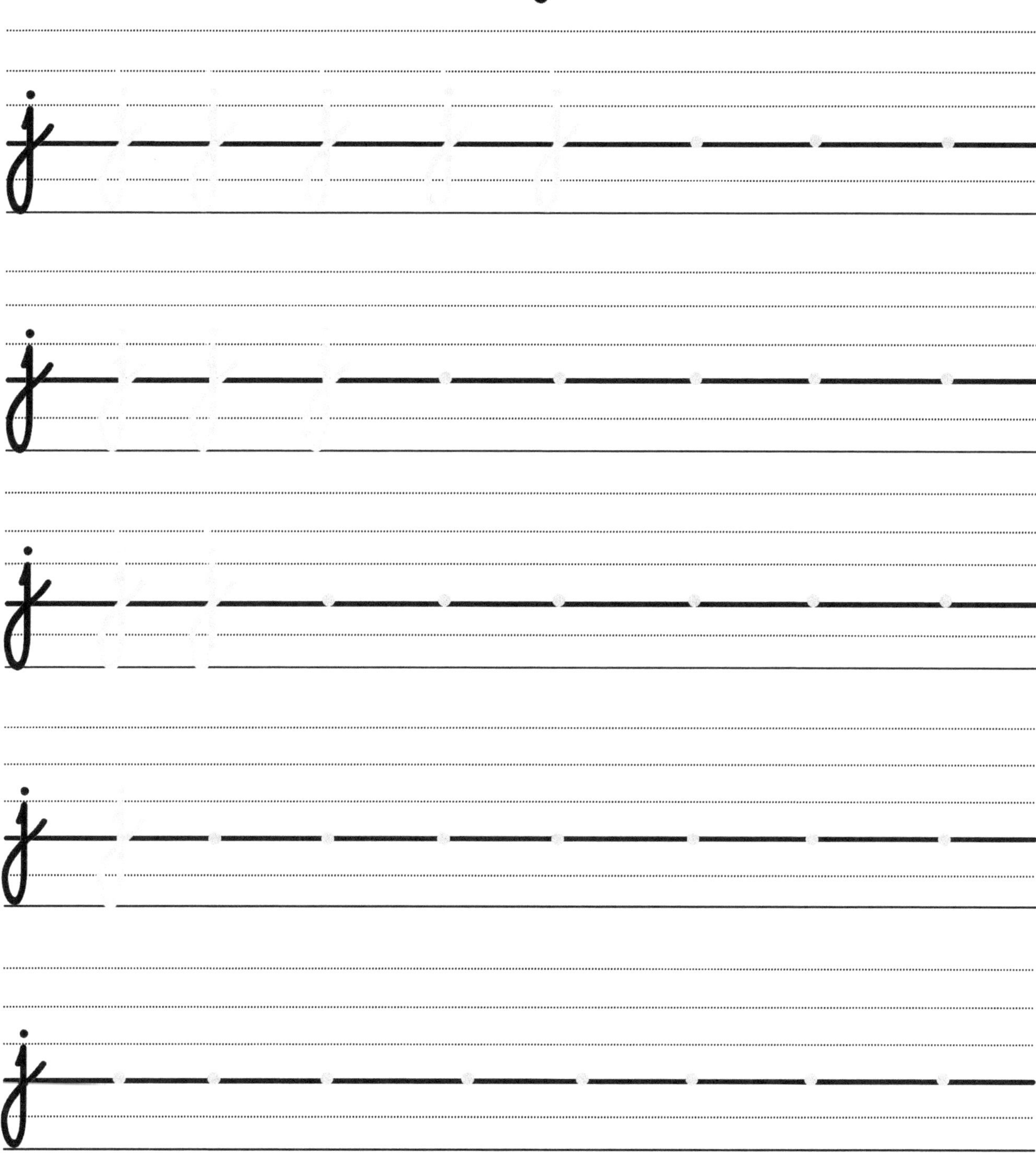

K K K K K K

K K K K

K K K

K K

K

L

M

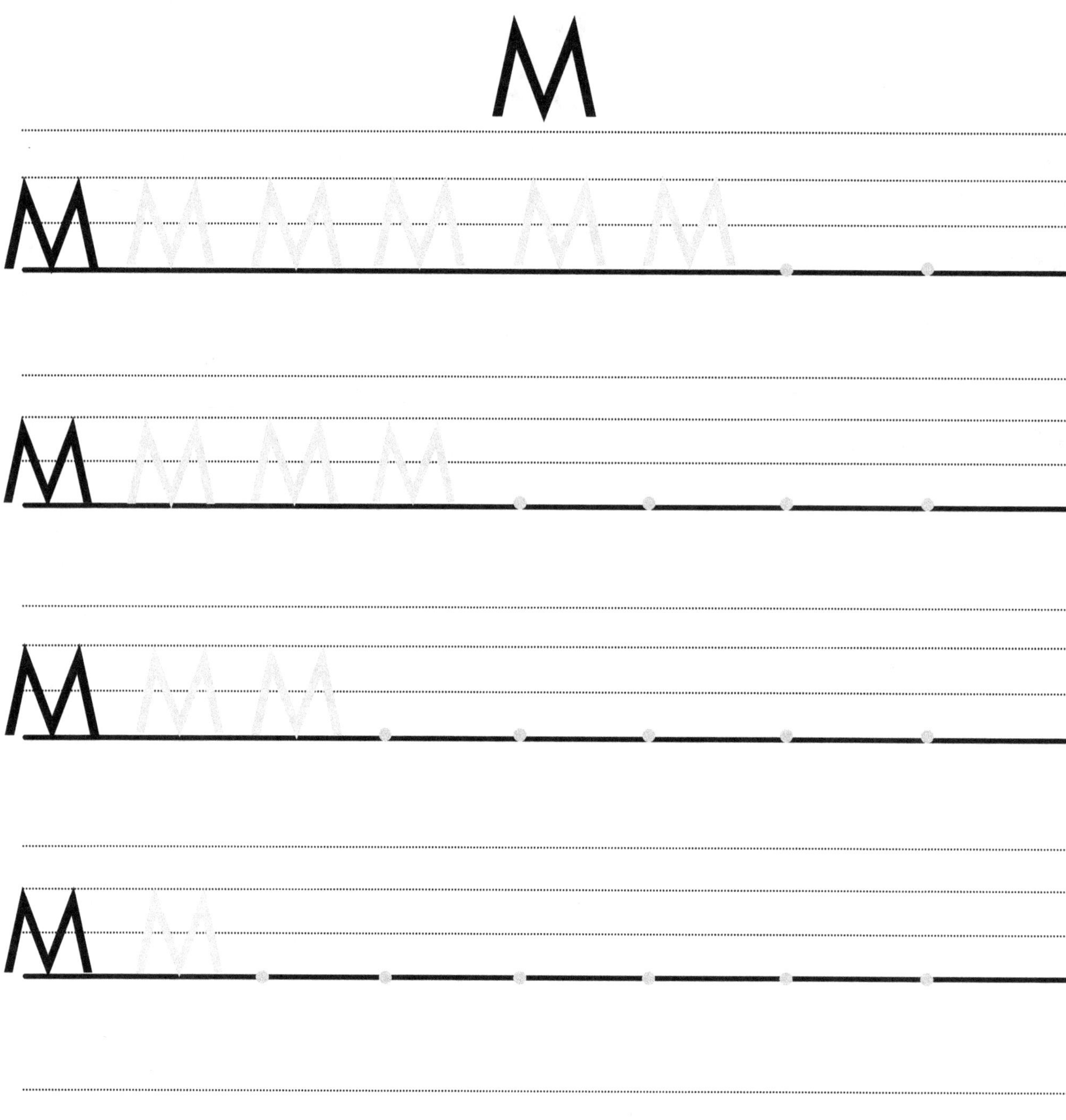

N

n

a

P

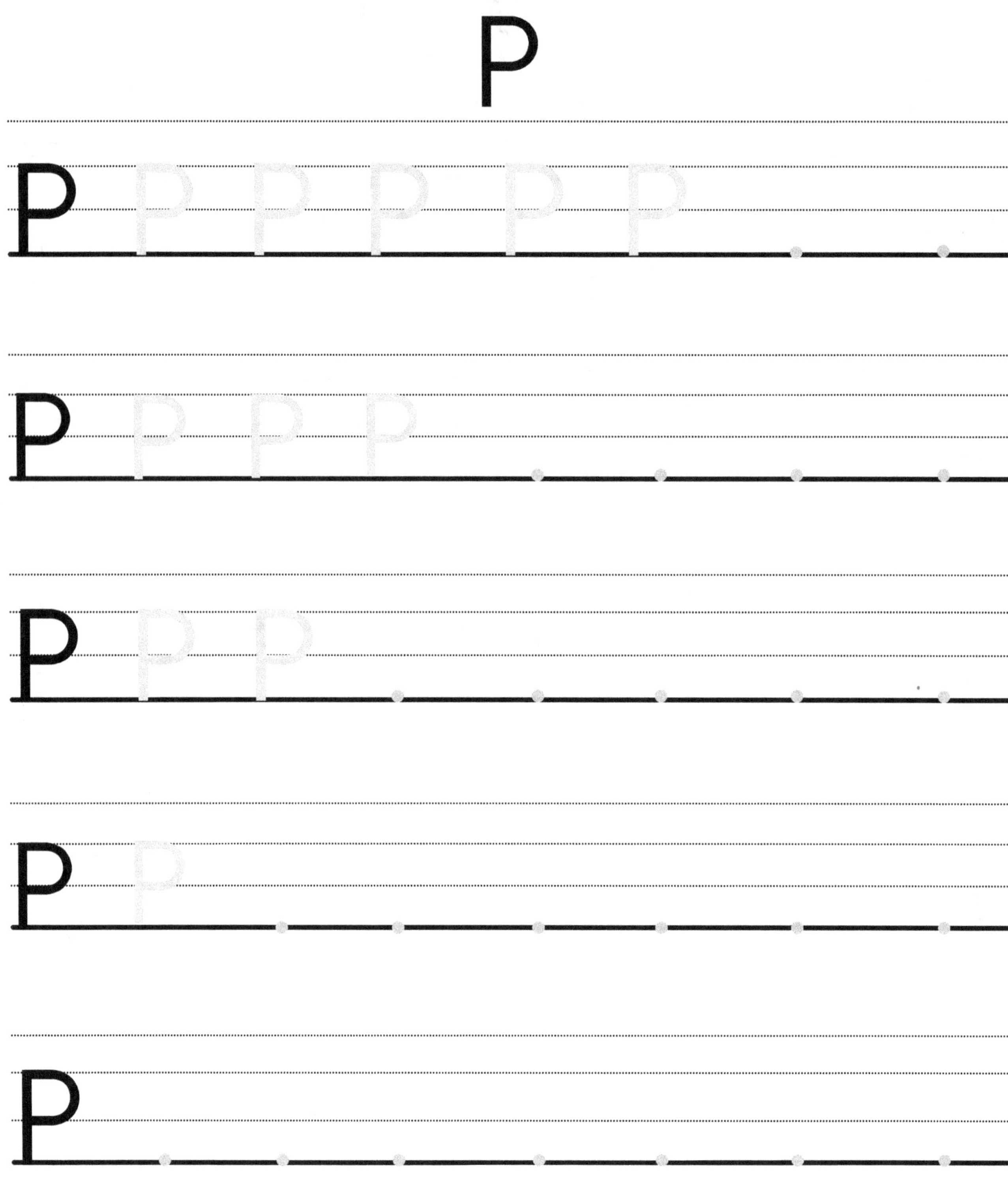

q

R

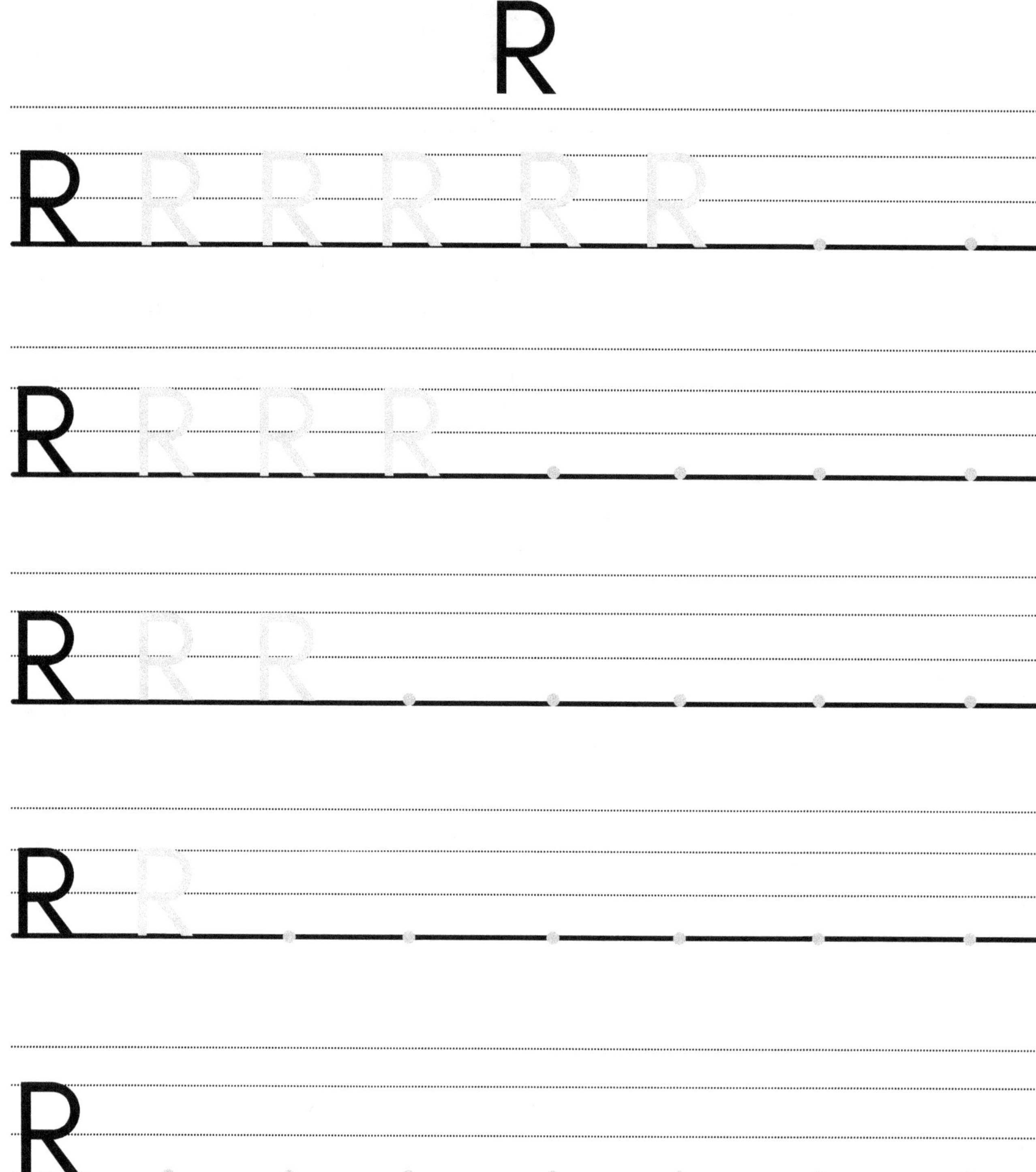

r

S

S
S
S
S
S

b

セ

U

u

u

u

u

u

u

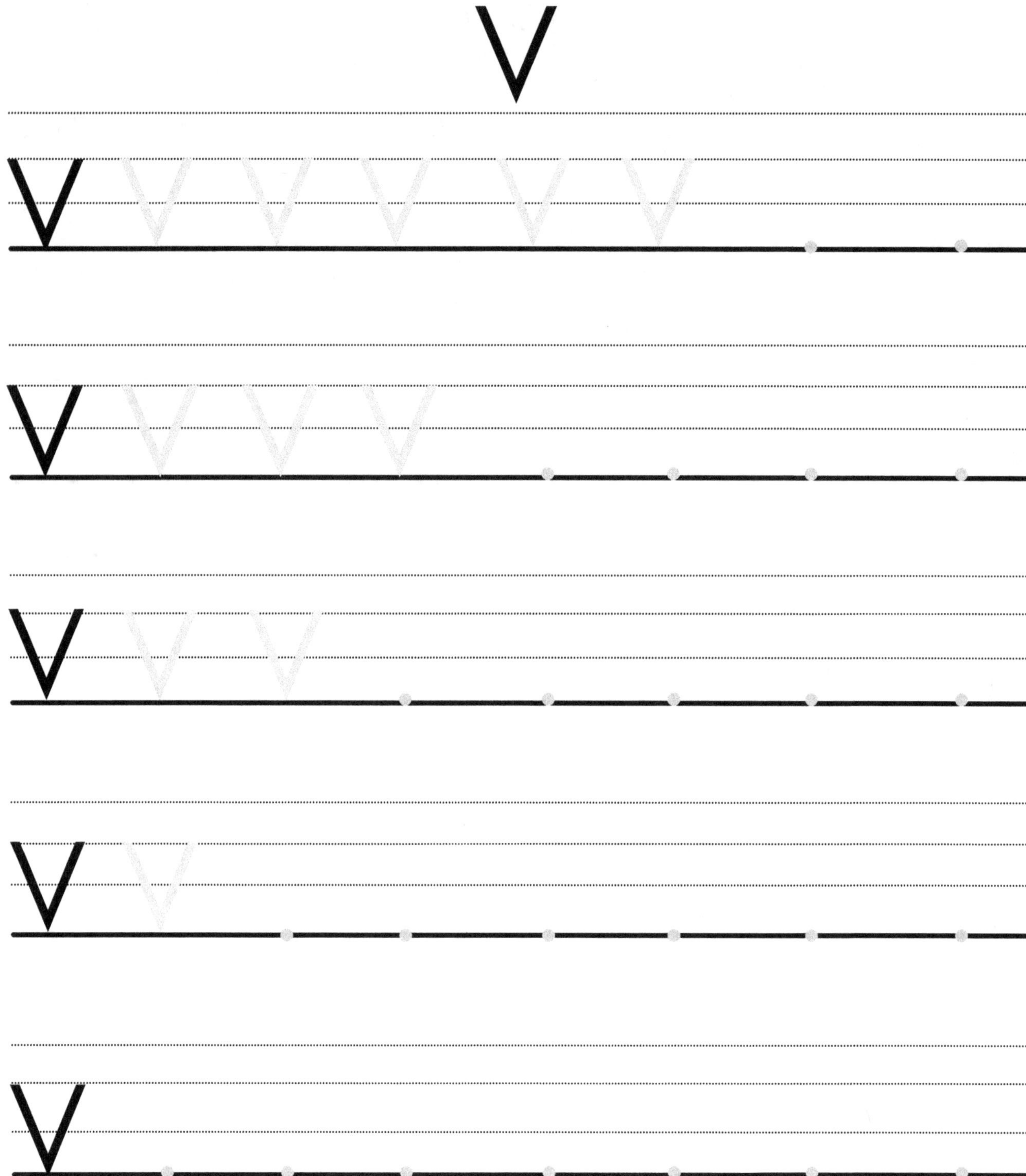

v

W

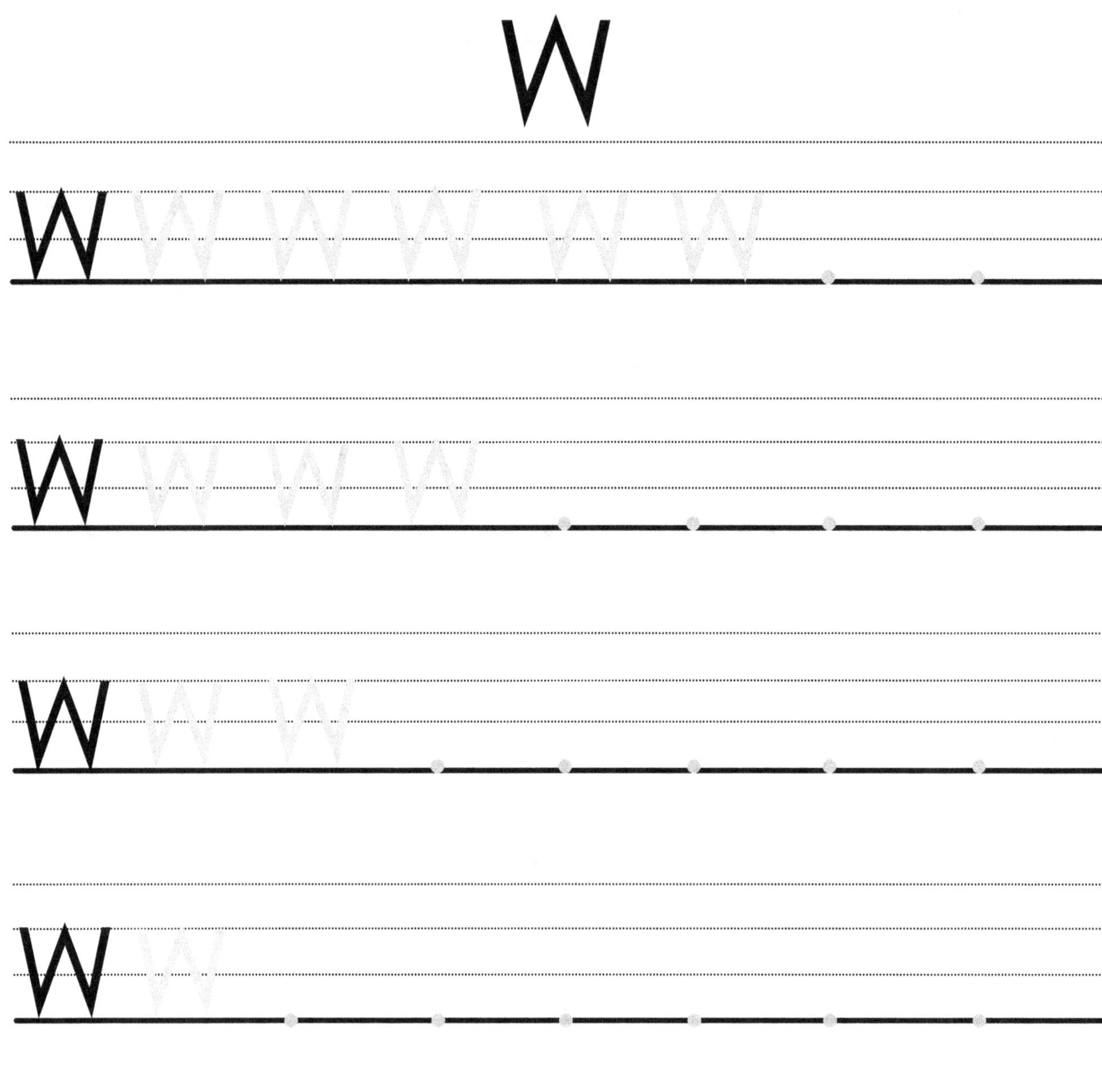

w

X

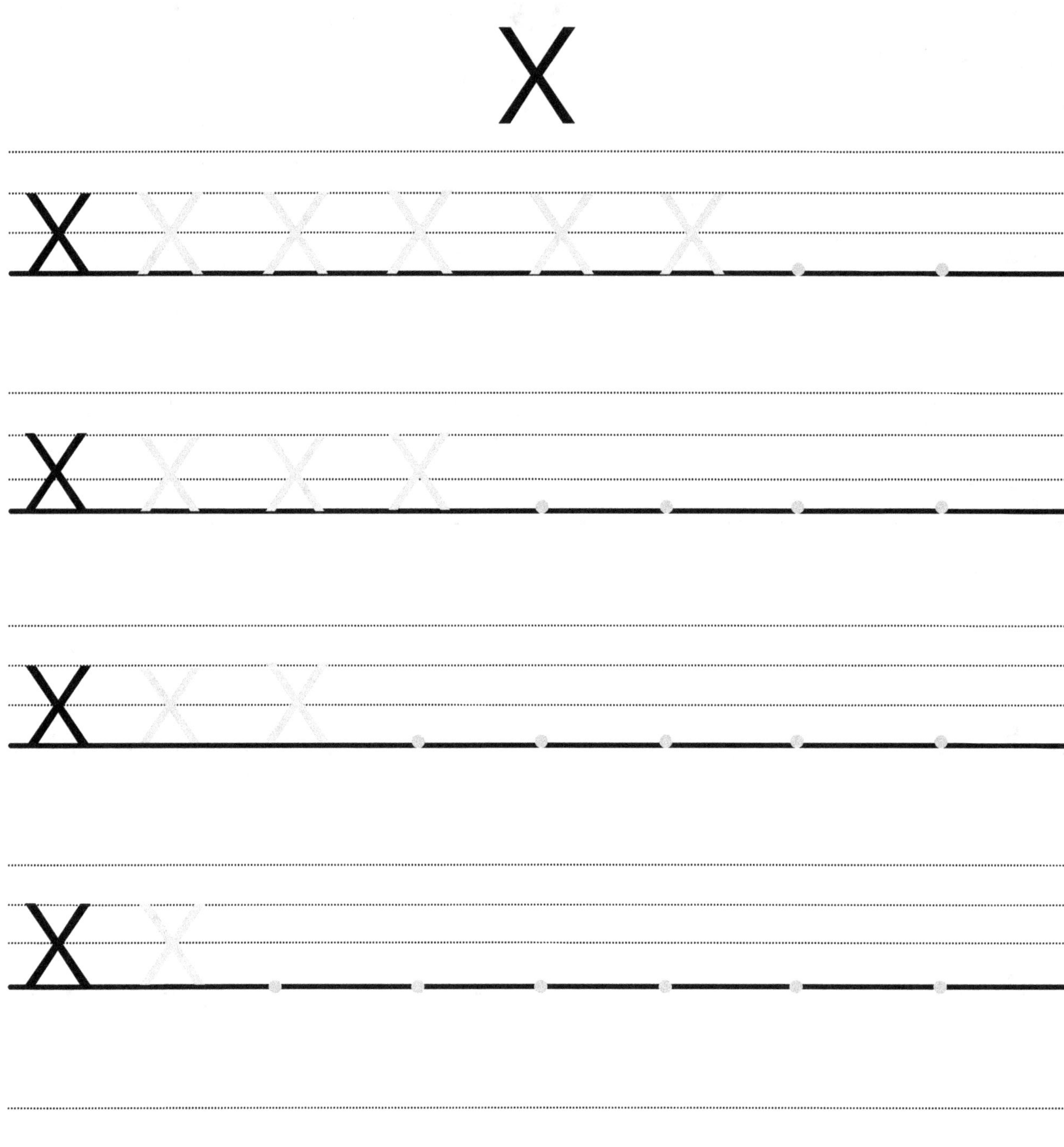

œ

y

y y y y y y y

y y y y

y y y

y y

y